Bibliografische Information der Deutschen Nationalbibliothek
Die Deutsche Nationalbibliothek verzeichnet diese Publikation in der Deutschen Nationalbibliografie; detaillierte bibliografische Daten sind im Internet über http://dnb.dnb.de abrufbar.

Verlag: BoD · Books on Demand GmbH,
Überseering 33, 22297 Hamburg,
bod@bod.de
Druck: Libri Plureos GmbH,
Friedensallee 273, 22763 Hamburg
ISBN: 978-3-8192-2769-1

Deutschland und seine Bürokratie

reicht bis nach Spanien

Susanne Hottendorff

Deutschland und seine Bürokratie

reicht bis nach Spanien

In Chiclana de la Frontera - vorher

Wir leben jetzt seit über 25 Jahren in Andalusien. Wir haben bereits sehr Vieles erlebt, dass wir uns früher in Deutschland nicht vorgestellt hätten. Ihnen ist der Ausspruch:
= Man lernt nie aus! =
sicherlich bekannt.
Und er stimmt. Denn in diesem Jahr ist etwas Neues hinzugekommen.
Wir mussten erneut unsere Führerscheine hier umschreiben. Dazu benötigten wir zahlreiche Unterlagen. Nachdem wir Alles, das dachten wir jedenfalls, zusammen hatten, fuhren wir nach Cádiz. Dort ist die für uns zuständige Behörde.
Alter kann auch mal Vorteile haben!! Wir benötigten aufgrund unseres Alters keinen Termin und konnten in der Zeit zwischen 9.00 h und 11.00 h =sin Cita=, also ohne Termin dort erscheinen.
Was für die weitere Geschichte jetzt wichtig ist, es ist schnell erklärt. Alle erforderlichen Unterlagen hatten wir dabei. Nicht bedacht hatten wir, dass unsere deutschen

Chiclana

Ausweise, die wir hier in all den Jahren nie benötigt hatten, abgelaufen waren. Sowohl unser Reisepass wie auch der Personalausweis. Um mit der örtlichen Polizei keine Probleme zu bekommen, erhielten wir eine vorläufige Bescheinigung, dass lediglich ein amtliches und gültiges Ausweispapier aus Deutschland nachgereicht werden muss. Das spanische Dokument reichte nicht, erklärte man uns, obwohl wir ja hier in Spanien leben. Wir fuhren wieder zurück nach Hause.

Aufregen lohnt nicht, = wat mut, dat mut=, sagen wir in Norddeutschland!

Also auf Hochdeutsch: Was muss, das muss!

Am nächsten Tag, als ich mich auch innerlich damit abgefunden hatte, warf ich einen Blick auf die Website der Bundesrepublik Deutschland: Ausweise!

Und dann war ich eigentlich fertig mit mir und der Welt.

Zuerst sah ich eine Liste mit Dokumenten, die ich, beziehungsweise wir, denn auch mein Mann benötigte neue Dokumente, mitzubringen hatten.

Chiclana

Jeder normale Mensch denkt, wenn ich einen neuen Ausweis benötige, dann bringe ich den alten und abgelaufenen Ausweis mit.

Hier also die Liste:

*abgelaufene Ausweise
*Geburtsurkunde
*Heiratsurkunde
*Stammbuch, wegen des Nachweises der deutschen Staatsbürgerschaft
*Bestätigung der spanischen Gemeinde, dass man dort lebt, sie darf nicht älter als 3 Monate sein
*Wenn man keinen deutschen Wohnsitz mehr hat, eine Bestätigung der Gemeinde über die Abmeldung mit Datum
*Formular über die Beantragung
*Passfotos

Blühende Yucca

Ja, nicht gerade wenige Formulare und Dokumente. Nicht zu verstehen, denn wir haben ja Ausweise, die in Deutschland ausgestellt wurden.

Mittlerweile weiß ich, Behörden muss man nicht verstehen.
Und dann kommt noch ein wichtiger Hinweis!!
Nur mit einem Termin kann, darf, muss man im Konsulat der BRD erscheinen.
Da dachte ich noch, na gut, mache ich eben einen Termin.
Dafür gibt es einen extra Link auf der Website.
Dort steht, man bekommt den Termin immer nur für 3 Wochen im Voraus. Es gibt einen Kalender, dort sieht man den nächsten möglichen Termin, der zu buchen wäre!
Aber, ich sah nur: Termin vergeben.
Dann las ich, dass jeden Tag um Mitternacht, also genau um 0.00 h ein neuer, einen Tag weiter gelegener Tag, eingestellt wird. Es sei denn, es ist Wochenende oder ein Feiertag.

Kaktusblüte

Ich schaute also mehrere Tage immer wieder auf diese Website und sah immer nur: Termin vergeben.

Dann kam uns die Idee, um Mitternacht ins Netz zu gehen, Und dann sah ich: Termin vergeben. Wie das ging, verstehe ich bis heute nicht. Eines nachts dann: ein freier Termin. Angeklickt, ...dann sollte man die Daten eingeben, ... aber dazu kam ich gar nicht mehr. Schwupp, der Termin war weg und vergeben.
Ich erwähne hier noch einmal, man muss für jede Person einen extra Termin vereinbaren. Also nicht einen Termin für Eheleute! Es dauerte mehrere Tage, eigentlich Nächte, bin ich endlich einen, bzw. zwei Termin erhaschte.

9.30 h und 10.30 h. Also nicht zusammenhängend. Egal, dachte ich, hauptsächlich haben wir einen Termin!

Málaga

An dieser Stelle kurz erwähnt, es sind etwa 250 km von Chiclana nach Málaga. Nur bei dem Gedanken wurde uns beiden schon schwindelig. Ich rechnete leise, und dachte, zum Aufstehen ist das eine absolut unchristliche Zeit! Aber, wat mut, dat mut!

Je dichter der Termin kam, je unruhiger wurden wir. Man ist ja schließlich auch keine Zwanzig mehr, dass man so etwas einfach abarbeitet.
Ich sichere mich immer doppelt und dreifach ab. Daher rief ich auf dem Konsulat an. Wo kann ich denn parken? Dann bekam ich die Antwort, es gebe in unmittelbarer Nähe in Einkaufszentrum. Dort könne man eine Stunde gratis parken. Und was passiert, wenn die Pässe fertig sein? Dann bekam ich zu hören, dass man gegen Übernahme der Kosten selbstverständlich die Pässe per Einschreiben versenden würde. Nun, zum Glück nicht noch einmal 500 km fahren!
Ich schaute im Netz nach der Lage des Konsulates und nach dem erwähnten EKZ. Ich entdeckte 2 Zentren und einen Bahnhof.

Málaga

Das Konsulat liegt in der Mauricio Moro Pareto. Also gleich in der Nähe!

*Estacion Maria Zambrano (Bahnhof)
*Comercial Larios Centro (EKZ)
*Vialia Centro Comercial (EKZ)

Unser Navi wurde noch einmal aufgeladen, die Karten aktualisiert. Was sollte also passieren?

Und dann erkundigte ich mich nach den Passbildern. Ich erinnere, vom letzten Mal in Deutschland, es mussten ganz spezielle Kriterien erfüllt sein. Ich bekam die Antwort, ich solle mir keine Gedanken machen. Die Fotos könne man direkt am Schalter machen lassen. Prima!

Jetzt hatte ich alle Informationen zusammen. Wir warteten auf den Tag der Tage.

Málaga

In Chiclana – der Tag der Reise

Unser Wecker ging um 3.45 h am Morgen, nein in der Nacht!

Ich hatte am Abend bereits Wasserflaschen vorbereitet. Alle Unterlagen waren gepackt in einem Leinenbeutel.

Wir tranken gemeinsam, wie immer morgens, einen Kaffee/Tee. Und dazu gab es ein Käsetoast. Dann wurde unser Auto beladen. Der Leinenbeutel und eine Kühltasche mit Wasser und kleinen Tomaten. Dazu ein Käsetoast. Für alle Fälle. Das Navi wurde zunächst im Handschuhfach verwahrt. Den überwiegenden Teil der Reise kannten wir.

Dann ging es los. Es war 5.00 h in der Nacht und natürlich noch total dunkel. Ganz ungewohnt, wir fahren sonst nie in der Nacht.

Unsere Fahrt verlief entspannt, es war kaum Verkehr auf der Autobahn. Erst als wir in die Nähe des Mittelmeers kamen belebte sich die Straße. Ich suchte auf dem Navi nach einer Raststätte. Mein Tee verlangte beachtet zu werden. An der nächsten

EUROPÄISCHE UNION
BUNDESREPUBLIK
DEUTSCHLAND
REISEPASS

Raststätte, die auf unserer Fahrseite lag, fuhren wir ab. Es gab dort einen Laden, Carrefour, der Toiletten hatte. Allerdings war das Geschäft geschlossen. Obwohl die Anzeige für diesen Halt Toiletten anzeigte, gab es keine! Dafür sah ich neben unserem geparkten Auto einen Lieferwagen stehen. Er hatte die seitliche Tür geöffnet. Davor lag ein kleiner Teppich und der Fahrer betete, sicher zu Allah.

Wir fuhren weiter. Etwa 30 km weiter die nächste Möglichkeit. Hier gab es eine Tankstelle und somit sicherlich auch eine Toilette. Diese befand sich in dem dazugehörigen Shop. So wie man es überall kennt. Ich schaute mich um und dachte, man sollte etwas Kleines kaufen, bevor man sich nach der Toilette erkundigt. Ich ging langsam durch den Shop und sah an der Kasse Pfefferminz. Diese kleinen Metalldosen kosten hier normalerweise um die zwei Euro. Ich hatte mit vorsichtshalber einen Geldschein fünf Euro in die Hosentasche gesteckt. Ich entschied mich also für einen Pfefferminz und sollte dafür 3.30 € bezahlen. Ich dachte,

Ein besonderer Eingang

alles klar, bezahlte und fragte nach den Toiletten. Diese waren zum Glück sehr, sehr sauber. Es war ja auch noch früh. Erleichtert ging ich zum Auto zurück und wir setzten unsere Fahrt fort. Immer mit dem Blick auf die Uhr. Aber wir hatten wirklich reichlich Spiel. Sicher ist sicher. Wir passierten all die Orte mit den Bettenhochburgen, ich dachte noch wie schrecklich. Niemals hätte ich an einem solchen Ort in Andalusien leben wollen. Dann kam der erste Hinweis auf Málaga.

Málaga

Málaga - angekommen

Mittlerweile dämmerte es und die Fahrt durch den nun starken Verkehr war einfacher. Ich nahm, als wir dem Ziel näherkamen, mein Handy mit Google Maps dazu. Wir kreisten durch die vollen Straßen. Stau und Ampel an Ampel. Zum Glück waren wir so rechtszeitig hier. Dann endlich entdeckten wir das EKZ Larios, welches dem Konsulat am nächsten lag. Wir mussten noch eine große Runde um das EKZ fahren, weil die Einfahrt in einer Einbahnstraße in anderer Richtung lag. Wieder waren 15 Minuten verstrichen. Dann kamen wir an die Einfahrt. Dort stand ein Mitarbeiter einer Sicherheitsfirma. Er fragte, was wir wollten. Na parken! Ihm tat es leid, aber das Parkhaus würde erst um 9.00 h öffnen. Warten konnten wir hier sowieso nicht. Und es war dann auch zu spät. Wir fuhren weiter. Das nächste EKZ wurde angesteuert. Wir waren jedoch nicht sicher, ob der Weg stimmte. Am Rande der Straße stand ein Taxi. Mein Mann hielt hinter dem Wagen und ich stieg aus. Der Wagen war leer. Ein

Auf der Fahrt sahen wir auf fast allen
Strommasten Storchennester!
Unsagbar viele Nester!

Fahrer, denn ihn ich hätte fragen können, war nicht zu sehen. Dann kam ein älterer Herr vorbei. Ich erkundigte mich bei ihm, ob er mir sagen könne, wohin wir fahren mussten. Er erklärte mir mit Händen und Füßen wie wir fahren sollten. Dann ging es weiter durch den Verkehr und die Ampeln. Endlich entdeckten wir das nächste EKZ, es nennt sich Vialia.

Als wir es entdeckten, sahen wir an der Straße einen freien Parkplatz. Mein Mann reagiert ganz schnell und parkte dort ein. Ich sah einen Kassenautomaten und stieg aus. So einen Automaten hatte ich noch nie gesehen. Ich versuchte ein Ticket zu bekommen. Aussichtlos. Dann kam ein Spanier vorbei, den ich um Hilfe bat. Auch er hatte zuerst Schwierigkeiten. Also zuerst überlegen wie lange man parken wollte. Die längste Zeit waren 2 ½ Stunden. Es kostete zwei Euro. Also nun das Geld einwerfen, Karte ging hier nicht. Dann musste man das Fahrzeugkennzeichen eingeben und dann, wie von Zauberhand, kam ein Parkticket! Ich bedankte mich herzlich bei dem Mann und er ging lächelnd seiner

Málaga

Wege. Und wir nahmen unsere Unterlagen. Es war jetzt 8.55 h. Also blieben noch 30 Minuten um das Konsulat zu finden. Nachdem wir die breite Straße überquert hatten, sahen wir die Einfahrt zum EKZ. Auch noch geschlossen. Dann schaute ich auf mein Handy um die Richtung zum Konsulat zu finden. Jetzt gingen wir mit schnellem Schritt weiter. Wir waren aber nicht sicher, ob es so richtig war. Google denkt immer, man führe mit dem Auto. Also wieder einen Passanten angesprochen. Glücklicherweise hatten alle Spanier, die ich ansprach eine Ahnung davon, wo die gesuchte Straße Mauricio Moro Pareto lag. Dann sahen wir das eindrucksvolle Gebäude auf der linken Straßenseite, auf der auch wir uns befanden. Vor den drei Eingängen, die alle einen großen Abstand zu einander hatten, und sich in einem Laubengang befanden, sprachen zwei Männer mit einander. Auch sie fragte ich nach dem Konsulat. Zwei Eingänge weiter sind sie richtig! Endlich! Und dann sahen wir auch schon den Hinweis auf die BRD! Wir betraten das Gebäude, es war 9.18 h. Zwei

Málaga

Mitarbeiter eine Sicherheitsfirma empfingen uns. Sie fragten nach unseren Namen und entdeckten diese auf dem Laufzettel, der vor ihnen lag. Jetzt durften wir durch das Drehkreuz ins Gebäude. Einer rief uns zu: im 5.Stock! Dann holten wir den Fahrstuhl und fuhren hinauf.

Ich dachte noch immer, gut dass wir so früh losgefahren waren. Oben zeigte sich ein großer Rundgang um einen offenen Innenhof innerhalb des Gebäudes. Wir schritten die Türen ab. Dann zeigte sich das Zeichen der Bundesrepublik Deutschland auf einer geöffneten Tür. Wir gingen hinein.

Ich hatte mir das Konsulat der BRD als einen besonderen, erhabenen und prunkvollen Raum vorgestellt. Wir sahen allerdings einen Raum, schlicht, einfach mit einigen Stühlen, mit drei kleinen runden Tischchen. An einer Wand war ein Zeitschriftenständer befestigt, in dem sich tatsächlich einige deutsche Zeitschriften befanden. In einer Ecke hing ein Flachbildschirm an der Decke. Es lief NTV. Links des Eingangs wieder ein Sicherheitsbeamter. Er fragte nach

Markthalle in Málaga

dem Namen, schaute auf seine Liste. Dann stellte er einige Fragen, ob wir alle Papiere dabeihätten. Danach durften wir Platz nehmen. Nach einem Moment fiel uns ein, wir hatten ja noch keine Passbilder. Ich stand auf, ging zu dem Sicherheitsmann und fragte ihn danach. Er deutete auf die rechte, hintere Ecke hin. Dort stand, hinter einer Trennwand, ein Fotoautomat. Er kam dazu um Hilfe zu leisten. Der Kopf muss richtig gehalten werden, nur etwas lächeln, nicht zu viel. Und dann sollte ich bezahlen. Aber bitte nur in bar, Karte geht nicht. 4 Bilder für sieben Euro. Ich hatte nur noch einen 50-Euro-Schein. Den mochte der Automat nicht. Der Sicherheitsmann bat um einen Augenblick, nahm meinen Geldschein um dann mit einem Schlüssel in der Hand wiederzukommen. Er öffnete den Automaten, entnahm einen Zehner und zwei Zwanziger, der Fünfziger ging dafür in den Automaten. So wechselt man auf dem deutschen Konsulat Geld.

Er gab den Zwanziger in den Automaten und ich bekam nach kurzen Blitzen meine

So natürlich nicht!

Fotos. Nicht besonders schön, aber das war mir wirklich egal!

Das Wechselgeld, alles 1-Euro-Münzen hatte ich entnommen. Sieben wanderten in die Hand meines Mannes, der sich jetzt seine Bilder machen ließ. Das hatten wir auch geschafft. Wir setzten uns wieder auf die Stühle.

Auf der gegenüberliegenden Seite warteten Deutsche auf ihre Abfertigung. Es passierte hinter einer provisorischen Stellwand, damit man nicht zuschauen konnte. Ich vernahm nur Wortfetzen. Beide Finger…… in die Mitte….

Die eine Dame, eine ältere Frau, war sehr klein. Ihr gab man einen Tritt, damit sie etwas höher kommen konnte. Wozu, war uns da noch nicht klar.

Ab und zu kamen neue Personen in den Raum, ich glaube, genauso erstaunt, wie wir. Ein hagerer Deutscher, der es vorzog Spanisch zu sprechen, vielleicht um sich im deutschen Konsulat wichtig zu tun, hatte Probleme. Er käme von einer kanarischen Insel… mehr konnten und wollten wir nicht

verstehen. Aber irgendwie kannte ich diesen Mann. Bis jetzt weiß ich nicht, woher. Zwei weitere Personen betraten den Raum. Obwohl es nun schon 9.40 h war, also zehn Minuten über unseren Termin, wurden sie noch vor uns aufgerufen. Ich vernahm, die eine Frau holte nur ihren Reisepass ab. Und dann wurden wir aufgerufen. Wir traten hinter diese Sichtschutzwand. Das erinnerte uns, also sowohl meinen Mann wie mich, an einen Besuch in der damaligen DDR bei Brieffreunden. Der Schalter ganz hoch, sodass man seinen Ausweis mit ausgestrecktem Arm abgeben musste. Nun war der Schalter nicht so hoch. Allerdings saß die Dame hinter einem dicken Sicherheitsglas. Sie sprach über ein Mikrofon und Lautsprechern zu uns. Sie begrüßte uns sehr freundlich. Es war eindeutig zu erkennen, sie war eine Deutsche Mitarbeiterin des Konsulates. Glücklicherweise durften wir beide unsere Unterlagen zusammen durch diese Sicherheitsklappe geben. Ich hatte immer die Uhr im Blick, unser Auto hatte ja nur begrenzte Parkzeit. Sie schaute

Málaga ganz modern

sich alle Zettel, Belege und die Familienbücher an. Danach sprach sie einen Glückwunsch aus, sie meinte, wir hätten gut vorgearbeitet und alle erforderlichen Unterlagen mitgebracht. Sie bereite Dinge am Computer vor. Glich die Daten der Anschrift ab. Fragte uns ob es richtig wäre, dass wir jeweils einen Reisepass und einen Personalausweis beantragen würden. Wir bejahten. Sie erklärte, dass die Ausweise mit Zustellung, wie ich es angegeben hatte, zusammen 365.- Euro kosten würden. Das war mir bekannt. Ich erklärte, dass wir einverstanden wären. Was auch sonst? Ich erkundigte mich, wie lange es etwa mit der Zustellung dauern würde, da wir ja nun gar keinen Ausweis mehr hätten. Unsere Ausweise wurden entwertet und gelocht. Sie erklärte, vier Wochen bis Málaga, und dann die Zustellung mit der Post per Einschreiben nach Hause. Ich meinte, also circa 5 Wochen. Sie nickte.

Es folgte eine beruhigende Frage nach einem Übergangsdokument. Die bräuchten wir auf jeden Fall. Wenn man in einer Kontrolle kommt, ganz ohne Ausweis, nicht so

Eines der vielen Fenster

gut! Sie bat uns nun zuerst einmal zu warten, bis die Anträge bearbeitet wären. Dann würde sie uns erneut aufrufen. Bis dahin waren wir erleichtert. Wir hatten somit ja mindestens 30 Minuten Wartezeit für den zweiten Termin gespart. Es sollte, so die nette Mitarbeiterin 30 bis 45 Minuten dauern. Wir könnten gerne einen Kaffee trinken gehen. Wir blieben und warteten dort. Ab und an betrat eine weitere Person den Raum. Einige grüßten, andere blieben stumm. Deutsche im Ausland! Eine Frau, die uns gegenübersaß, schien genauso fertig zu sein wie wir. Sie setzte sich zu uns und wir kamen ins Gespräch. Sie wurde aufgerufen, kam dann relativ schnell zurück. Wir tauschten Telefonnummern und Namen aus. Ich dachte, wie schön, wenn so etwas Tolles in diesen Räumen passiert. Sie war mit ihrer Freundin nach Málaga gekommen, hatte daher nicht so viel Zeit zum Austausch. Wir verabredeten uns, in Verbindung über WhatsApp zu bleiben. Wir verabschiedeten uns.

Dann wurden wir aufgerufen.

Feigen am Baum

Jetzt zeigte die Mitarbeiterin, die uns beide mit dem Vornamen ansprach, was sehr angenehm und durchaus üblich ist in Spanien, auf dem Bildschirm ihres Computers den vorläufigen Reisepass. Wir mussten noch beide unsere Zeigefinger auf einen Scanner legen. Jetzt wusste ich auch, warum die kleine, ältere Dame auf einen Tritt steigen musste!

Ein Vordruck wurde ausgedruckt, den wir unterschreiben mussten. Sowohl für den Reisepass als auch für den Personalausweis. Dann erklärte sie uns, es würde jetzt noch einen Moment dauern, für die Unterschriften ihrer Vorgesetzten auf unseren Übergangsdokumenten. Wir sollten ruhig vor der Glasscheibe warten.

Es ging tatsächlich relativ schnell. Sie kam zurück und wir erhielten alle Unterlagen zurück. Und nun zusätzlich auch diesen Beleg darüber, dass wir an diesem Tag hier einen Ausweis beantragt hatten.

Sie verabschiedete sich von uns und wünschte uns eine gute Heimreise. Wir hatten berichtet, dass wir in den frühen Morgenstunden aus Chiclana angereist waren.

Málaga

Glücklich, alles erledigt zu haben, verließen wir das Konsulat und gingen in Richtung unseres Autos. Jetzt hatten wir Zeit, noch eine knappe halbe Stunde. Uns hielt hier allerdings auch kein Einkaufszentrum mehr, wie wir es vor Antritt der Reise geplant hatten. Wir wollten nur noch nach Hause. Elf Stunden waren schon um, seit der Wecker geklingelt hatte…….

Das Navi führte uns zurück auf die Autobahn und in Richtung zu Hause. Jetzt sahen wir richtig gut. Die Sonne schien und wir waren erleichtert, wenn auch fix und fertig. An einer Tankstelle machten wir Rast. Es gab unsere Käsetoast und gekühltes Wasser. Eine Erleichterung. Dann fuhren wir weiter Richtung Heimat.

Einige Teile der Autobahn zwischen Marbella und Málaga waren Mautpflichtig. Dreimal mussten wir zahlen. Dreimal auf dem Hinweg und dreimal auf dem Rückweg. Das hat zusammen 37,70 Euro gekostet.

Als ich das erste Mal Chiclana auf dem Hinweisschild sah, war ich glücklich! Nun

Málaga

war es bald soweit, nur noch 28 Minuten bis zum Ziel, sagte unser Navi.

Wir hatten so viele Tunnels gesehen, wir hatten so viele Autos vorbeirauschen sehen. Wir hatten neue Menschen kennengelernt. Wir haben neue Eindrücke gewonnen. Wir waren vor vielen Jahren in Málaga, im Jahr 1998. Da war es ruhig, entspannt, wenig Autoverkehr. Und obwohl es März war und schon richtig warm, gab es nur wenige Touristen. Nicht zu glauben, wie es sich verändert hatte.
Es war 14.00 Uhr als wir auf unser Grundstück fuhren. Nach 10 Stunden und 15 Minuten, die wir wach waren und nach 9 Stunden und 15 Minuten unterwegs endlich daheim! Wirklich platt und trotzdem erleichtert. Wir nahmen ein Tee zu uns und dann ging es ab ins Bett!

So etwas, sagten wir uns, sollte nie wieder passieren. Nie wieder wollten wir eine solche Strapaze erleben. Eine Bekannte riet uns, doch ein Hotel für eine Nacht zu buchen. Wie das allerdings mit abgelaufenen

Málaga

Ausweisen hätte klappen sollen, wissen wir nicht wirklich.

Wir würden unsere neuen Ausweise per Post erhalten. Alles war gut.

Und das Beste an diesem Tag, war unsere neue Bekanntschaft! Wir nennen sie Frieda. Wir hätten uns ohne diesen Tag im Konsulat in Málaga nie getroffen.
Dafür hat es sich doch gelohnt!
Heute, einen Tag nach Málaga, sind wir immer noch nicht wieder ganz klar im Kopf. Alles wirbelt durcheinander. Ich bin mir sicher, es wird besser und morgen ist ein neuer Tag!

Bleibt allerdings die Erkenntnis, Deutschland und Digital passen noch immer nicht zusammen.
Dagegen passen Deutschland und seine Bürokratie hervorragend zusammen.

Sicherheit im Konsulat

Auf diese Erkenntnis hätten wir jedoch gerne verzichtet.

Und ich habe jetzt das erste Mal in meinem Leben eine Abbuchung über meine Kreditkarte mit dem Titel:
=Bundesrepublik Deutsch Berlin=.

Sollte man sich vielleicht an die Wand hängen!

Málaga

In Chiclana

Sechs Wochen sind nun vergangen. Mein Mann und ich haben immer wieder über den Tag in Málaga gesprochen. Zum Glück ist es vorbei.

Dann kam eines Morgens eine E-Mail vom Konsulat. Unsere Ausweise würden nun per Post an uns versendet! Endlich.

Und es begann das, was ich hier in Spanien so besonders liebe: WARTEN.

Ich habe hier in den 25 Jahren schon mehr gewartet als im ersten Teil meines Lebens in Deutschland.

Hier liefert, wie auch in Deutschland die Post, also Correos, den Einschreibebrief nach Hause. Sonst bekommen wir keine Post nach Hause.

Man kann sich aber nicht so ganz sicher sein, ob der Postbote auch klingelt. Ich habe auch schon in dem kleinen Kasten an der Haustür Mitteilungen von Correos ge-funden. Die waren dann nicht für uns, aber man war das Schreiben los. Jedes Jahr finde

Auf der Rückfahrt von Malaga
nach Chiclana.
Im Hintergrund die Felsen von
Gibraltar

ich auch eine Erinnerung, die den Vorbesitzer unseres Hauses, erreichen soll. Noch mal kurz, wir leben hier seit über25 Jahren! In den ersten Jahren bin ich immer zu seinem Vater gegangen, der einen Camino weiter wohnt. Den ehemaligen Eigentümer kennen wir nicht. Aber sein Vater ist nun verstorben. Die Nachrichten kommen weiter. Ich lasse das einfach mal unkommentiert stehen!

Jeden Abend bin ich zu unserem kleinen =Pro-Forma-Postkasten= am Eingang und habe geschaut. Kein Zettel.

Und dann heute Morgen! Es klingelte und ich drückte den Summer. Da stand ein gelbes Auto vor der Tür! Hurra! Correos!

Ein Einschreiben! Ich schaute auf den Absender, Konsulat Malaga.

Es ist geschafft!!!! Kein Warten mehr!

Jetzt also sind sie da: unsere neuen Reisepässe und unsere neuen Personalausweise.

Es hat sich ein wenig verändert, Perso ist jetzt kleiner geworden. Der Reisepass fühlt sich fester an, liegt an der ersten Seite.

Und nun haben wir zehn Jahre Zeit. Wer weiß, was in zehn Jahren ist? Vielleicht

Kathedrale in Málaga

geht es dann schon digital? Vielleicht gibt es dann einen Ausweis für alle Europäer. Warum muss jedes Land sein eigenes Süppchen kochen, wenn wir doch ein vereinigtes Europa sind? Vielleicht existieren wir aber auch in zehn Jahren gar nicht mehr. Bei der aktuellen Lage weiß es wirklich niemand, wie es weitergehen wird.

Es begann ja in meinem Bericht mit der Erneuerung der Führerscheine. Das kann jetzt also starten. Wir müssen eben noch einmal nach Cádiz fahren und die neuen Ausweise und die Bestätigung vom ersten Besuch vorlegen. Dann sollte das auch abgeschlossen sein. Hoffentlich.
Am Telefon hat mir Frieda berichtet, dass sie ihren neuen Ausweis noch nicht hat. Wird kommen! Ganz sicher!

Typisch Andalusien

Diese Mail hatten wir am Tag nach der Buchung erhalten.

Guten Tag Susanne Hottendorff,

Sie haben erfolgreich einen Termin in Malaga am 24.04.2025 um 10:30 Uhr gebucht.

Erscheinen Sie bitte pünktlich zu Beginn dieses Termins im Konsulat.
Bitte keine großen Taschen, Rucksäcke und Koffer mitführen.

Guten Tag Claus Hottendorff,

Sie haben erfolgreich einen Termin in Malaga am 24.04.2025 um 09:30 Uhr gebucht.

Erscheinen Sie bitte **pünktlich** zu Beginn dieses Termins im Konsulat.
Bitte keine großen Taschen, Rucksäcke und Koffer mitführen.

Chiclana von oben

Mein Buch war fertig. Doch dann hatten wir einen Termin bei der ITV.

Das ist hier das, was Sie in Deutschland als TÜV kennen.

Und hier zeigt sich die Digitalisierung in Spanien. Ich bekam zwei Wochen vor Termin eine Textnachricht mit dem Hinweis darauf, einen Termin abzuschließen.

In der Textnachricht war der Link zur entsprechenden Seite enthalten.

Ich klickte darauf, sah unsere Matricula (Autonummer) und mir wurde ein Termin vorgeschlagen. Den klickte ich an und erhielt dann sofort eine Bestätigung per Textnachricht und per E-Mail. In dieser teilte man mir mit, dass das Entgelt für die Untersuchung nur per Kreditkarte und nicht in bar erfolgen könnte. Ein Link zur Bezahlung wurde mitgeschickt. Auch hier ein Klick und ich landete auf der Bezahlseite. Ich gab meine Daten der Kreditkarte ein und bestätigte sie. Dann kam eine Rückmeldung: Kreditkarte gespeichert und

überprüft. Danach bekam ich erneut eine Bestätigung.

Dort enthalten waren:

*Matricula

*Der Typ der Untersuchung, also 1. Inspektion

*Der Ort des ITV

*Das Datum

*Die Uhrzeit

*Ein Sicherheitscode zur Bezahlung

Einen Tag vor dem Termin erhielt ich erneut eine Textnachricht als Erinnerung. Sie erhielt einen Hinweis auf den nächsten Tag und einen dazu gehörigen Link.

Am Tag der Untersuchung betrat ich das Büro beim ITV.

Dort stehen einige Stühle, es gibt einen Schalter, der mit drei Personen besetzt war. Das Allerwichtigste war und sind jedoch

drei Automaten. Alle in einer Höhe, die für Rollstuhlfahrer erreichbar ist.

Man gibt ein, dass man einen Termin hat. Dann fragt der Automat nach den Ziffern der Autonummer. Die ersten beiden Ziffern, dann erschien unsere vollständige Matricula. Dann wurde ich aufgefordert den Sicherheitscode, der auf der Bestätigung stand, einzugeben. Dann dauert es einen kleinen Moment und ich bekam die Bestätigung über die erfolgte Bezahlung. Aus dem Automaten kamen zwei kleinen Belege. Eine Bestätigung über die Bezahlung und ein Beleg, der hinter die Autoscheibe kommt. Dort stehen die Matricula und der Zeitpunkt der Ankunft. Den Link auf meinem Handy bestätigte ich jetzt: Ich bin angekommen!

Und dann erschien dieses Bild.

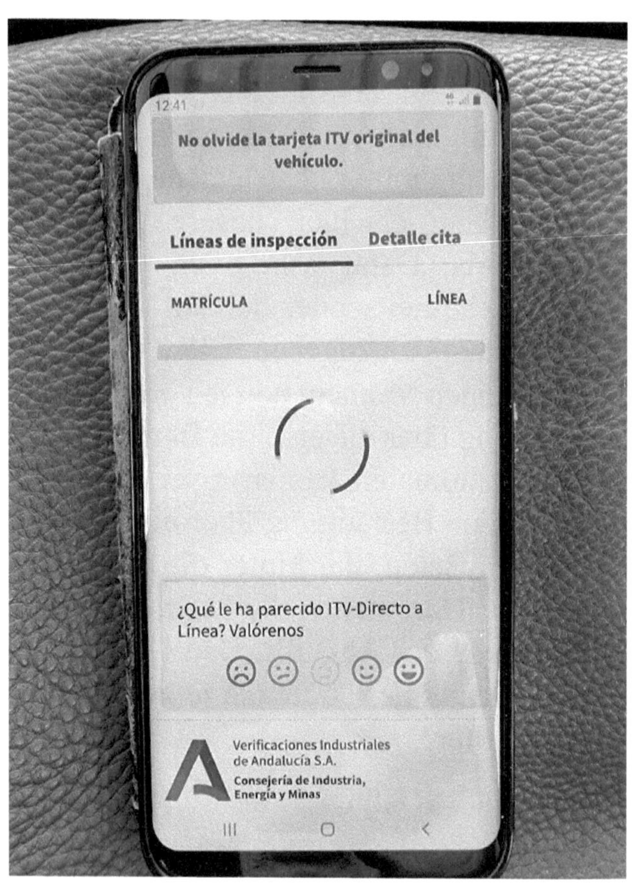

Matricula und Linea

Es gibt sechs Reihen, in die man fahren könnte. In jeder Reihe wird geprüft. Man wartet, bis auf einer großen Anzeigetafel am Gebäude des ITV außen, die eigene Autonummer steht. Dahinter steht dann eine Zahl, bei uns war es die 6.

Die eigentliche Untersuchung hat mit Ausgabe des Prüfberichtes und einer neuen Plakette gerade fünfzehn Minuten gedauert.

Danke für so viel digitale Unterstützung!

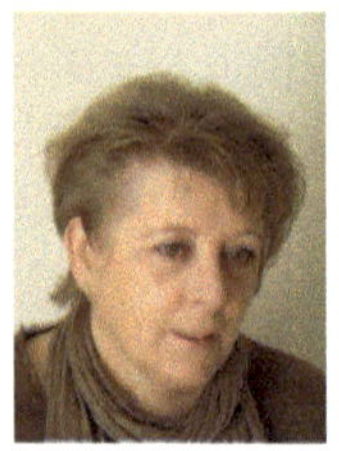

Die Autorin Susanne Hottendorff ist in Hamburg geboren. Nach ihrer Ausbildung zur Bankkauffrau arbeitete sie 30 Jahre lang als Kundenberaterin bei der Hamburger Sparkasse. Im Jahr 2000 zogen sie und ihr Mann nach Südspanien, an die Atlantikküste Andalusiens. Hier begann Susanne Hottendorff mit dem Schreiben. Zuerst waren es Artikel in deutschsprachigen Magazinen, dann folgte ihr erstes Buch. Seither sind zahlreiche Krimis, Kurzgeschichten und Fachbücher erschienen.

Zwischenzeitlich absolvierte die Autorin mehrere Ausbildungen zur Fachkosmetikerin, Heilpraktikerin, Psychologischen Beraterin und zur Entspannungspädagogin. Sie ist Reiki-Meisterin und hat sich mit dem Schamanismus beschäftigt.

Jetzt ist Susanne Hottendorff in Rente und schreibt nur noch ab und zu.

Weitere Infos auch auf den Webs

ites:www.susanne-hottendorff.com